👂 u 👁 u U
la lune

👂 e 👁 e E
le renard

👂 l 👁 l L
la langue

👂 r 👁 r R
un robot

👂 ou 👁 ou
un loup

👂 n 👁 n N
les narines

👂 v 👁 v V
une vague

👂 è 👁 è
une flèche

👂 an 👁 an
une maman

👂 g 👁 g G
un gâteau

👂 z 👁 z Z
Zorro

👂 t 👁 t T
un tapis

👂 eu 👁 eu
le feu

👂 oin 👁 oin
un point

👂 gn 👁 gn
la montagne

👂 ill 👁 ill
une fille

Pilotis ancre la lecture dans la vie.

pilotis

méthode de lecture

CP

*manuel
d'apprentissage
du code*

Delphine TENDRON
Professeur des écoles et maître-formateur

Remerciements à Claudine HEURTAUT, orthophoniste,
et à Géraldine LE GAOUYAT-LE SAGE, professeur des écoles et maître-formateur

hachette
ÉDUCATION

Responsable de projet : Delphine DEVEAUX

Création de la maquette intérieure : Florence LE MAUX

Mise en pages : TYPO-VIRGULE

Illustrations intérieures : Béatrice DUROURE

Illustration de couverture : Alain BOYER

Création de la couverture : Florence LE MAUX

Exécution de la couverture : TYPO-VIRGULE

Fabrication : Marine CADIS

PAPIER À BASE DE
FIBRES CERTIFIÉES

hachette s'engage pour
l'environnement en réduisant
l'empreinte carbone de ses livres.
Celle de cet exemplaire est de :
950 g éq. CO$_2$
Rendez-vous sur
www.hachette-durable.fr

ISBN : 978-2-01-117997-5

© Hachette Livre 2013, 58 rue Jean Bleuzen, CS 70007, 92178 Vanves Cedex.

Avant-propos

Pilotis est une méthode de lecture adaptée à TOUS les élèves qui a pour but la réussite de TOUS.

Elle est constituée de deux grandes parties qui se complètent : l'apprentissage du code (avec le manuel et le cahier d'exercices) et la lecture-compréhension (avec 4 albums de jeunesse authentiques et 1 documentaire, plus un fichier de compréhension).

L'apprentissage du code

- Le manuel est construit en **5 périodes** qui correspondent au rythme de l'année scolaire. Il suit une **progression rigoureuse**. En début d'année sont abordées les relations phonèmes/graphèmes les plus fréquentes et/ou les plus faciles à identifier et à prononcer. Ensuite, viennent les relations phonèmes/graphèmes moins fréquentes et plus complexes. Chaque leçon est organisée en double page selon une structure claire qui facilite le travail de l'élève :
  - Sur la page de gauche :
    - le titre permet d'**identifier auditivement le phonème** et de **repérer ses graphies** ;
    - un **support gestuel** (un personnage mimant le son) pour s'approprier le son ;
    - la **maison du son** pour **discriminer le son** à travers les mots illustrés. Ce corpus de mots permet également à l'élève d'**acquérir** et de **structurer son vocabulaire** (nombreuses activités de catégorisation) ;
  - Sur la page de droite :
    - des **exercices de lecture** de syllabes, de mots, de phrases, puis de petits textes. Les supports sont tous déchiffrables et courts (100 mots environ en fin de CP), quelques fois « étranges » et jamais illustrés pour obliger l'élève à entrer dans l'écrit et à en construire le sens ;
    - des **mots-outils** sont introduits dès le début de l'année et étudiés jusqu'en période 4, et tous révisés en période 5. Ils correspondent à la liste officielle des 45 mots les plus fréquents ;
    - un exercice de **manipulation de syllabes**, **puis de phonèmes**, à travers des activités ritualisées et progressives (faisant le lien avec la GS).

- Le manuel comporte des pages spécifiques de **vocabulaire** (étiquette rouge) afin d'étudier les relations entre les mots, mais aussi des champs sémantiques spécifiques (l'école, le sport…).

- Des leçons de **grammaire** conformes aux IO sont régulièrement proposées (étiquette violette). Elles sont le plus souvent construites autour d'activités de catégorisation (nature de mots, accords, etc.).

Le **cahier d'exercices** est **le complément** du manuel d'apprentissage du code. Sa structure est parfaitement identique à celle du manuel, afin de proposer un travail supplémentaire et systématique. À travers des exercices variés, l'élève peut **réinvestir les apprentissages** de chaque leçon de code **en autonomie**. Il lit, manipule des syllabes et des sons, et écrit des mots et des phrases.

Le **guide pédagogique** présente la mise en œuvre de l'ensemble de la méthode de façon simple, concrète et pratique. Il propose également des **photofiches de différenciation pour les élèves les plus avancés.**

SOMMAIRE

Période 5

Phonèmes	Graphèmes	Mots-outils	Mots-repères	Pages
(in)	ain, ein, un, aim, im	Révision de tous les mots-outils appris depuis le début de l'année.	le pain – la peinture – un j'ai faim – un timbre	116-117
(è)	ec, er, el, es		le bec	118-119
(è)	elle, ette, erre, esse, enne		une échelle	120-121
(f)	ph		une photographie	122
Grammaire : Les adjectifs				123
(g)	gu		une guitare	124-125
Vocabulaire : Le contraire des adjectifs				126
Révisions				127
(oin)	oin		un point	128-129
(gn)	gn		la montagne	130-131
	h		un hibou	132
Vocabulaire : Les mots du temps				133
(ill)	ill, il		une fille – le réveil	134-135
(ill)	i, y		un chien – un crayon	136-137
Vocabulaire : L'alphabet				138
Grammaire : Le féminin des adjectifs				139
	x			140-141
Vocabulaire : L'ordre alphabétique				142
Révisions				143

6

Apprentissage du code

a 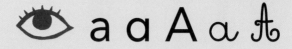 a a A a A

 Je vois, **je dis**

un rat   un rat

GIRAFE

AVION

CANARD

ANANAS

CANAPÉ

TABLE

GÂTEAU

CAMÉRA

TAPIS

ESCARGOT

CHAPEAU

PANDA

CHAMEAU

CANICHE

CHÂTEAU

PYJAMA

LAVABO

HARMONICA

RADEAU

SAPIN

8

Je lis

A   a   a   a   a   a   a   a   A   a   a   a   a

Je manipule des syllabes

– Faire dénommer les dessins lentement.
– Demander : « Combien y a-t-il de syllabes dans… ? »
(Faire frapper dans les mains si besoin.)

i I i I y Y y Y

Je vois, je dis

 un lit *un lit*

un pyjama *un pyjama*

NICHE

GIRAFE

CITRON

RADIS

LIVRE

SOURIS

FOURMI

ASPIRATEUR

CISEAUX

HIBOU

SCIE

BIBERON

DOMINO

CANICHE

HIPPOPOTAME

IGLOO

STYLO

CYGNE

ÎLE

PYRAMIDE

Je lis

I   I   Y   a   i   a   y   I   A   i   a   i   Y

Je manipule des syllabes

– Faire dénommer les dessins lentement.
– Faire compter les syllabes de chaque mot et associer chaque mot à une boîte.

 Je lis des mots

un

un

un

un

un

une

une

une

une

une

un
une

Je lis

- a ɑ a ɑ A A A i i I I I y y Y
- i a Y a A y i A ɑ I I Y

Je manipule des syllabes

– Dire la première syllabe de chaque mot vedette.
– Chercher et dire des mots qui commencent par la même syllabe.

un
une

13

Je vois, je dis

une orange *une orange*

ARROSOIR

COCHON

DOMINO

ESCARGOT

OREILLER

HIPPOPOTAME

HARICOT

CHOCOLAT

COCCINELLE

FANTÔME

MOTO

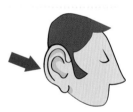
OREILLE

PIANO

ROBINET

ROBOT

SOLEIL

STYLO

TOBOGGAN

LAVABO

LASSO

Je lis

o O a i A o y I O Y o a i o

Je manipule des syllabes

– Dire la première syllabe de chaque mot vedette.
– Chercher et dire l'intrus : le mot qui ne commence
pas par la même syllabe.

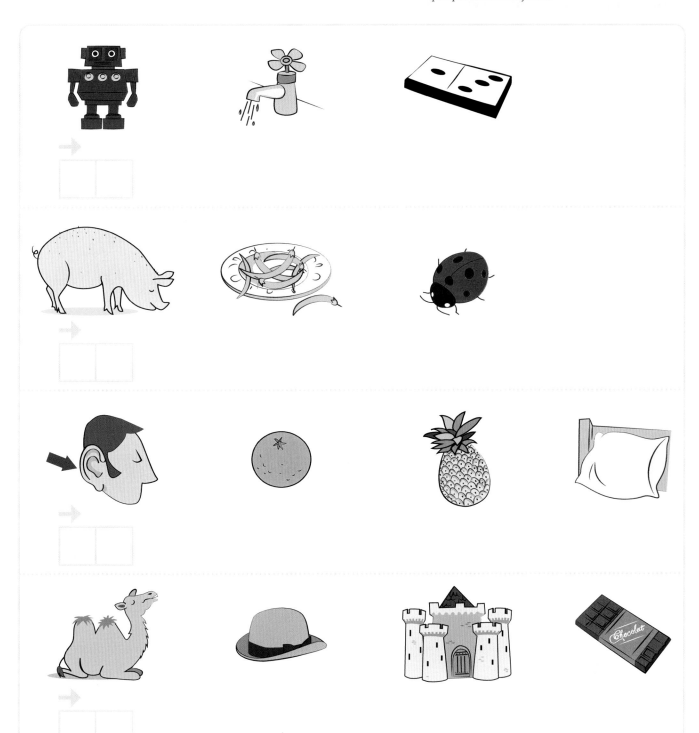

 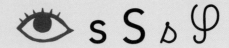 

Je vois, je dis

 **un serpent** *un serpent*
 une tasse *une tasse*

SEAU

SOURIS

VESTE

SONNETTE

OURS

ESCALIER

CHAUSSURES

SINGE

SAUCISSON

PARASOL

POISSON

OURSIN

POUSSIN

ASSIETTES

OURSON

SIFFLET

CACTUS

SABOTS

HÉRISSON

SANDALES

Je lis des syllabes

- si   sa   sy   so   is   as   os
- as   is   os   sy   sa   so   si

– Dire la dernière syllabe de chaque mot vedette.
– Chercher et dire des mots qui se terminent par la même syllabe.

Je manipule des syllabes

Je lis des mots

as   os   assis

Je lis des phrases

- Il **y a** un 🧒 assis.
  garçon

- Un 🐕 a un os. Il **y a** un os.
  chien

- 👩 a un as.
  Maman

il y a

17

 u

u U u ℳ

Je vois, je dis

la lune *la lune*

SUCRE

LUGE

LUNETTES

FLÛTE

FUSÉE

STATUE

CHAUSSURES

USINE

JUMELLES

TUBA

RUCHE

FUSIL

AMBULANCE

ÉCUREUIL

JUPE

VOITURE

TORTUE

RUE

PENDULE

GRUE

18

Je lis des syllabes

- su   sa   si   so   sy   us   as   os   is
- os   is   as   us   so   sa   sy   su   si

 ## Je manipule des syllabes

– Dire la dernière syllabe de chaque mot vedette.
– Chercher et dire l'intrus : le mot qui ne se termine pas par la même syllabe.

 ## Je lis des phrases

- **Dans** une , il y a une .
  rue   voiture

- Il y a une **dans** une .
  pendule   maison

- Il y a un o̮s **dans** une .
  niche

dans

19

le   la

Je lis des mots

le

le

le

le

le

la

la

la

la

la

le
la

Je lis des syllabes

- as   is   os   us   si   sa   sy   so   su
- sy   si   so   su   sa   as   us   is   os

Je manipule des syllabes

– Dire la première syllabe de chaque mot vedette.
– Chercher et dire des mots dans lesquels on entend la même syllabe.

Je lis

assis – un os – un as

- Il y a un os.
- Il y a un as.
- Il y a le .

  papa
- Il y a la dans une .

  maman   maison

un
une
il y a
dans
le
la

21

 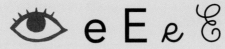 

Je vois, je dis

le renard *le renard*

CHEMISE	CERISES	MARGUERITE	CHEVAL

MENOTTES	PETIT	CHENILLE	CHEVEUX
		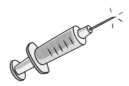	
CHEVILLE	CHEMINÉE	SERINGUE	CHEMIN

GRENOUILLE	FENÊTRE	GENOU	MELON

REQUIN	CHEVREAU	PELUCHE	JETONS

Je lis des syllabes

- se   si   su   so   sa   sy   us   os   is   as
- su   so   se   sy   sa   si   as   is   us   os

Je manipule des syllabes

– Dire chaque mot lentement.
– Dire tout fort la première syllabe, garder la fin du mot dans sa tête.

   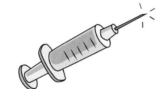      

Je lis des phrases

- Le 🍈 **est** orange. La ● **est** rouge.

  melon   cerise

- Le 🦜 **est** vert. Le 🦊 **est** marron.

  perroquet   renard

- Le 🐎 **est** blanc. Le 🐱 **est** noir.

  cheval   chat

- Le 💼 **est** jaune. Le ✒ **est** bleu.

  cartable   stylo

est

Je vois, **je dis**

la langue · la langue

un ballon · un ballon

ROLLERS

LUGE

VOLEUR

POUBELLE

PENDULE

LUNE

PÉDALE

PLUME

BALEINE

STYLO

VÉLO

ÉTOILE

LAVABO

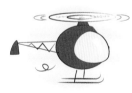

HÉLICOPTÈRE

ÎLE

BALAI

LIMACE

PILE

POULE

ENVELOPPE

24

Je lis des syllabes

- le   la   li   lu   ly   lo   al   il   ul
- il   al   ul   lu   la   lo   li   ly   le

Je manipule des syllabes

– Dire chaque mot lentement.
– Dire la première syllabe du mot pour trouver
un nouveau mot parmi les images du dessous.

Je lis des mots

le lit

allô

le lilas

le lys

la salle

l'île

le lasso

salut

Je lis des phrases

- **Il** y a un lys dans la .

  maison

-  a un lasso.

  Zorro

- **Il** est sale : **il** s'est sali.

- **Il** est dans le lit, **il** lit.

il

25

Je dis, je compare

– Faire nommer les images de chaque paire.
– Pour chaque paire d'images, demander ce qui est pareil et ce qui n'est pas pareil.
Exemple : « Qu'est-ce qui est pareil entre une voiture et une ambulance ? Qu'est-ce qui n'est pas tout à fait pareil ? »

le la les un une des

 ## Je lis des mots

le un		la une	

les
des

la    les

le   les

une   des

un   des

 les – des

27

Je vois, je dis

 un robot   *un robot*

 un carré   *un carré*

HIRONDELLE	MARTEAU	HARICOT	ROSEAUX

TAUREAU	ROBINET	RAISIN	BRANCHE

RUE	RIDEAUX	POIREAU	FLEURS

CHÈVRE	FORÊT	HÉRISSON	RAQUETTE

GUITARE	ROSE	GRUE	HARMONICA

Je lis des syllabes

- re   ra   ri   ru   ry   ro   ar   ir   ur
- ri   re   ry   ro   ru   ra   ur   ir   ar

Je manipule des syllabes

– Dire chaque mot.
– Trouver un nouveau mot en les assemblant.

Je lis des mots

la rue   le sirop   des rats   les iris   le riz

Je lis des phrases

- La  rit dans la rue. **Elle** rit.

  Maman

- Il y a un rat. Il ira **sur** le .

  mur

- Le  est rassis.

  pain

- Il est assis **sur** le .

  banc

elle

sur

29

 **ch** 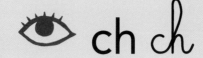 ch ch

Je vois, je dis

un chat   *un chat*

CHIFFON

RUCHE

CHEMINÉE

AUTRUCHE

ARTICHAUT

CHAMEAU

CHOCOLAT

CHAMPIGNON

CHEMIN

PARACHUTE

CHAPEAU

MOUCHE

CHÈVRE

CHENILLE

CHÂTAIGNES

CHEMISE

NICHE

CHAUSSURES

CHOU

CHÂTEAU

Je lis des syllabes

- cha   che   chi   cho   chu   ach   uch
- uch   ach   cho   che   chi   chu   cha

Je manipule des syllabes

– Dire le premier mot de chaque paire.
– Faire inverser les syllabes pour construire le mot
« à l'envers ». Exemple : chapeau → peau/cha.

   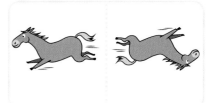

Je lis des mots

une ruche   riche   la chasse   un chat

Je lis des phrases

- Il est riche. **C'est** un  .

  roi

- Le chat chasse le rat.

- chasse le chat.

  Papa

- **C'est** une ruche **pour** les 🐝🐝 .

  abeilles

c'est
pour

31

À l'école, j'ai besoin de...

– Décrire l'image.
– Retrouver, dans l'image, ce dont on a besoin à l'école pour travailler.
– Associer ce qui est identique (ou ayant la même fonction) entre la grande image et les petites images.
  Nommer précisément à chaque fois.

 ## Je lis des syllabes

- cha   ra   la   sa   cho   ro   lo   so
- che   re   le   se   chu   ru   lu   su
- chi   ri   li   si   ir   al   os   ach

 ## Je manipule des syllabes

– Faire dire les mots de chaque paire.
– Demander : « Quelle est la syllabe commune aux deux mots ? » « Qu'est-ce qu'on entend de pareil ? »

 ## Je lis des mots

une île – un lit – les lilas – des lys

le riz – un iris – le sirop – riche

 ## Je lis un texte

Un chat est assis sur la ruche.

 le salue.

Maman

 le chasse.

papa

il est –
il – les –
des – elle –
sur – c'est –
pour

 é  é é

Je vois, je dis

une épée *une épée*

une béquille

une caméra

une fée

une étoile

une bouée

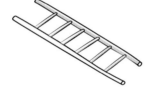
une échelle

une éponge

un bébé

une pédale

un képi

un accordéon

une poupée

un épouvantail

un éléphant

un pélican

un vélo

un canapé

une église

un téléphone

un dé

34

Je lis des syllabes

- ché ré lé sé lé ché sé ré
- cha ri le so lu ré sy ché

 ## Je manipule des syllabes

– Faire nommer les dessins.
– Demander d'associer un mot de la première ligne à un mot de la seconde ligne : la dernière syllabe du mot devient la première du mot suivant.

 ## Je lis des mots

l'allée – salé – lâché – salué – séché – chassé – rassuré

 ## Je lis des phrases

- Le  chien a lâché l'os **et** il s'est assis.

- Lola est allée dans la rue **et** elle s'est salie.

- Elle a salué Ali **et** Léa.

et

Je vois, je dis

 un monstre — un monstre
une pomme — une pomme

un dromadaire

un camion

une caméra

un manteau

un immeuble

un chameau

des jumelles

un moulin

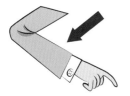
une manche

une fourmi

un harmonica

un hippopotame

un manège

une tomate

un magicien

un thermomètre

un marteau

une montagne

une marguerite

un fantôme

Je lis des syllabes

- ma   me   mi   mu   mé   mo   my
- mal   mil   mas   mis   mar   mur   myr

 ## Je manipule des syllabes

– Faire nommer les dessins.
– Dire la syllabe colorée.
– Dans le mot du dessous, chercher la même syllabe et la pointer du doigt.

 ## Je lis des mots

un mur – des lamas – un mulot – un mot –

un salami – les rames – mal – ému – une amie

 ## Je lis des phrases

- Dans la  , une momie a remué :

  pyramide

  mamie l'a assommée !

- **Chez** Marie, Rémi a mis une armure.

chez

 f  f F ℱ 𝒻

 Je vois, je dis

 une fée *une fée*

un sifflet *un sifflet*

une infirmière

neuf

une fusée

une flûte

un café

un foulard

une framboise

un furet

une moufle

le fromage

la confiture

la forêt

une fraise

une pantoufle

le feu

un trèfle

le facteur

une cafetière

un fantôme

un coffre

Je lis des syllabes

- fé fa fi fe fo fu fé fo
- fil fal ful fur fir far fach fich

 ## Je manipule des syllabes

– Faire nommer les dessins.
– Demander de dire la première syllabe du premier mot et la dernière syllabe du second mot.
– Dire très vite les deux syllabes pour trouver le nom de l'étrange dessin.

 + =

 +  =

 +  =

 ## Je lis des mots

un fil – les fossés – farfelu – fâché –

la fée – la fumée – une affiche – un film

 ## Je lis un texte

Léa est **avec** un .
chien

Dans le fossé, il y a un mulot.

Affolée, Léa fuit.

avec

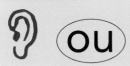 **ou** 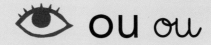 ou ou

 Je vois, je dis

un loup   un loup

un moulin

une louche

le journal

un mouton

un kangourou

une bouteille

un hibou

le genou

une fourchette

une bougie

une loupe

une trousse

une ampoule

un tambour

une poubelle

une toupie

une poupée

un poulain

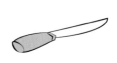

un couteau

des coussins

Je lis des syllabes

- mou   rou   chou   lou   sou   fou   lou   rou
- ous   oul   ouf   four   lour   sour   mour   roul

 ## Je manipule des syllabes

– Faire nommer les dessins.
– Dire les deux syllabes colorées et les assembler pour former un mot nouveau.

 ## Je lis des mots

des roues – un chou – oui – la semoule –

un four – une mouche – roux – une louche

 ## Je lis un texte

Sous le lit, c'est la folie !

La souris remue avec la fourmi,

l'ours **fait** la roue et sourit !

il fait –
elle fait

Les articles et les noms

 ## Je lis des mots

des articles

le
la
l'
un
une
les
des

des noms

chou
fourmi
ours
fil
mamie
rames
mulots

Je manipule des mots

des articles

des noms

 ami – des – mouches – fumée – l' – une

– Lire les mots.
– Les ranger **oralement** dans chaque maison.

Je lis des syllabes

- mou   mé   ma   mi   me   mu
- fou   fé   fa   fi   fe   fu
- four   fil   far   mar   mur   mal

Je manipule des syllabes

– Nommer les images de chaque paire.
– Dire la syllabe ajoutée et la situer avec le doigt.

? ?

? ?

? ?

 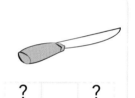

? ?

Je lis des mots

les mots – une malle – un mari – ému –

une mouche – la folie – roux – il a filé

Je lis des phrases

- Lola fait une semoule chez sa mamie.
- Rémi se fâche et lâche l'armure.
- Le mulot ramasse des mûres
  avec la fourmi.

et –
chez –
avec –
il fait –
elle fait

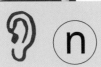 n n N 𝓃 𝒩

Je vois, je dis

les narines
une sonnette

les narines
une sonnette

un caniche

un manège

une sirène

un piano

le nez

un domino

une chaîne

un nénuphar

un panier

une usine

un canapé

la chenille

la banane

un cadenas

un tournesol

un bonnet

le genou

un navire

la grenouille

des noix

Je lis des syllabes

- na   no   ne   ni   né   nu   nou
- nar   nal   nas   nif   nil   nis   nus

 Je manipule des syllabes

– Nommer l'image-modèle, puis supprimer la première syllabe. Dire la syllabe restante.
– Dans la ligne, trouver l'image qui se prononce comme cette syllabe restante et la nommer.

X

X

 Je lis des mots

animé – l'année – l'ananas – des numéros –

des machines – la cheminée – le menu – l'âne

 Je lis un texte

À minuit, Nino a chassé le rat sous la lune.

Nino a une niche.

Il **y** a ramené les os de l'animal

pour se nourrir.

y

 v

 v V v V

Je vois, je dis

une vague   une vague

un cerf-volant

la cheville

une enveloppe

la locomotive

un violon

des couverts

une caravane

la ville

une veste

un vase

un lavabo

un voleur

un épouvantail

une chèvre

les cheveux

une voiture

la valise

un village

un veau

un volcan

Je lis des syllabes

- va   vo   ve   vou   vé   vu   vi   vé   vou
- val   vif   vil   var   vir   liv   lav   vis   louv

Je manipule des syllabes

– Nommer l'image-modèle, puis supprimer la dernière syllabe. Dire la syllabe restante.
– Trouver l'image qui se prononce comme cette syllabe restante et la nommer.

X

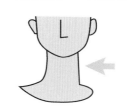

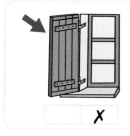
X

Je lis des mots

une vache – un navire – la savane – un cheval –

la vie – des olives – la levure – la salive

Je lis un texte

L'ours a lavé le vélo.

Il va **à** la ville.

Dans une avenue, il a vu une amie : la vache.

Il est ravi !

à

47

 è 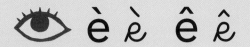 è è ê ê

Je vois, je dis

une flèche  une flèche
la forêt la forêt

des élèves

une chèvre

un thermomètre

un hélicoptère

la rivière

une sirène

un manège

un trèfle

un zèbre

une règle

il pêche

la tête

une cuillère

une infirmière

une sorcière

une guêpe

des crêpes

les lèvres

le Père Noël

un chêne

Je lis des syllabes

- vè   rè   sè   mè   fè   chè   nè   lè
- rê   lèv   chê   rêv   fèv   mê   fiè   fê

Je manipule des syllabes

– Nommer la paire de mots.
– Repérer et dire quelle syllabe du premier mot il faut changer pour obtenir le second.

Je lis des mots

les rênes – un chêne – des élèves – la forêt –

une fève – un rêve – la sirène

Je lis un texte

La sirène rêve : elle est allée dans la forêt

avec sa mère et **son** .

père

Elle a vu un renard et même un cheval.

son

49

 p  p P *p* ℐ

Je vois, je dis

 un papa *un papa*

 une nappe *une nappe*

un hippopotame

un tapis

un sapin

une pendule

un pigeon

un papillon

un drapeau

une poire

un pain

une toupie

un panier

un poussin

le poison

un hippocampe

un képi

un parasol

un lapin

des tulipes

un pantalon

un piano

Je lis des syllabes

- pa   pe   pi   pu   pé   pou   pè   pê
- pul   py   pil   poul   pè   pal   par   rap

Je manipule des syllabes

– Nommer la paire de mots.
– Repérer et dire quelle syllabe du premier mot
il faut changer pour obtenir le second.

Je lis des mots

une poule – une poupée – un pull – des piles –

une épée – un épi – papi – les poux – poli – réparé

Je lis un texte

Papa part à la pêche avec papi.

Ils passent **par** la forêt et arrivent à la rivière.

C'est papi **qui** amène le repas.

qui

par

Je dis, je compare

– Faire nommer les images de chaque paire.
– Pour chaque paire, demander ce qui est pareil, ce qui n'est pas pareil.
Exemple : « Qu'est-ce qui est pareil entre une louche et une cuillère ?
Qu'est-ce qui n'est pas tout à fait pareil entre une louche et une cuillère ? »

Le féminin et le masculin des noms

 ## Je lis des mots

féminin

la lune
une fée
une amie

masculin

le loup
un papi
un ami

 ## Je manipule des mots

féminin

masculin

poule   vélo   cheval   fumée   piano   sirène

– Dire les mots.
– Les ranger **oralement** dans chaque maison.

on on om *on om*

Je vois, je dis

 un pont *un pont*

des nombres *des nombres*

une jonquille

un hérisson

un papillon

un violon

un biberon

un pigeon

un camion

un garçon

une trompette

un ballon

une éponge

une hirondelle

un pantalon

un avion

une maison

un dindon

un bonbon

les montagnes

le poison

un accordéon

Je lis des syllabes

- pon   lon   mon   von   non   ron   son   chon   fon
- fon   pon   chon   lon   son   mon   ron   non   von

 Je manipule des sons

– Nommer les mots.
– Dire quels sont les mots qui riment d'une ligne à l'autre.

 Je lis des mots

un chiffon – le hérisson – le savon – le salon –

un melon – des moucherons – le pont

 Je lis un texte

Léon et Mélissa ont assis les oursons sur le lit.

« Mélissa, **ton** ourson est marron.

Il a même les 👀 ronds !
yeux

– **Mon** ourson, c'est Pompon !

On les amène dans le salon ? »

mon
ton
on

55

 d

d D d D

Je vois, je dis

le dos *le dos*

des sandales

un dromadaire

un radeau

un radis

un cadeau

un crocodile

un landau

la radio

une hirondelle

un panda

un domino

une salade

des rideaux

une dent

un dé

un radiateur

une commode

des danseurs

un cadenas

un accordéon

Je lis des syllabes

- da   de   di   do   du   dou   dé   dè   dê   don
- dal   dio   dil   dia   vid   mid   dur   lid   lad   nad

 ## Je manipule des sons

– Nommer les mots.
– Dans chaque ligne, trouver l'intrus parmi les rimes.

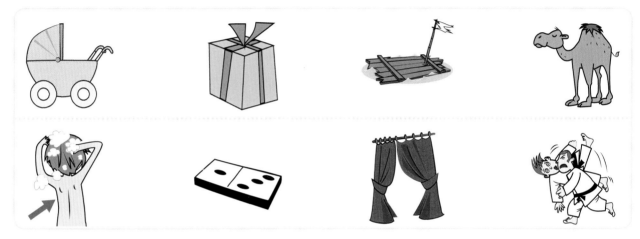

 ## Je lis des mots

une dame – les pyramides – la pédale – les dominos –

une douche – une ronde – vide – doux – dur

 ## Je lis un texte

Papa dit à :

maman

« **Je fais** un solide repas pour midi :

des sardines, une salade **de** riz

avec des radis, **du** salami et

de la limonade. »

de
du
je fais

j j J *j J*

Je vois, je dis

la joue   *la joue*

une jonquille

un pyjama

une jupe

des jumelles

les jambes

un jambon

le jardin

un jardinier

des jouets

un journal

le judo

une jument

le déjeuner

des bijoux

un jongleur

le donjon

des jumeaux

des jeux

le petit déjeuner

il joue

Je lis des syllabes

- ja   ju   je   jou   jé   jon   ji   jo   jè
- jou   jour   jar   ja   jas   jup   ju   jè   jon

Je manipule des syllabes

– Lire les syllabes.
– Nommer les mots des images.
– Associer plusieurs mots illustrés à la syllabe lue.

Je lis des mots

une jupe – un jus – un jour – la journée –

un pyjama – le journal – la joue – jaloux

Je lis un texte

J'ai vu Julie, elle a mis
une jolie jupe.

Nous avons joué dans la salle
de séjour avec nos joujoux.

nous

j'ai

59

Je fais du sport

– Décrire l'image.
– Retrouver les objets dans l'image.

 ### Je lis des syllabes

- lia   liè   pia   dio   vio   chio   rio   nua   léo
- pion   sué   lué   mué   fui   sui   lui   joué   via

 ### Je manipule des syllabes

– Nommer les images.
– Désigner avec le doigt les syllabes nécessaires pour reconstituer les mots. Gare aux intrus !

| sson | pée | val | je | nal | ri |
| née | hé | pou | che | jour | pon |

 ### Je lis des mots

j'ai léché – une pêche – une loupe – des marrons –
le judo – un rond – la savane – fâché – des poules

 ### Je lis des phrases

- Nous poussons son vélo par-dessus le fossé.
- J'ai vu du monde sur le marché.
- Qui fait des pompes ?
- La nuit, je fais de doux rêves.

y – à – son –
qui – par – mon –
ton – on – de –
du – je fais –
nous – j'ai

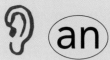 **an** an an **en** en

 Je vois, je dis

une maman *une maman*

le vent *le vent*

une orange

un banc

un rectangle

un toboggan

des gants

il mange

un volcan

quarante

cinquante

un triangle

le volant

la langue

une clémentine

une pendule

un serpent

le menton

un calendrier

une enveloppe

une dent

un gendarme

Je lis des syllabes

- man   pan   dan   san   nan   fan   lan   chan   jan   van   ran
- men   pen   den   sen   nen   fen   len   chen   jen   ven   ren

Je manipule des sons

– Nommer les mots.
– Dire quels sont les mots qui riment d'une ligne à l'autre.

Je lis des mots

méchant   je pense   les enfants   une dent

lent   il danse   les parents   une mandarine

vivant   elle vend   une chanson   du sang

Je lis un texte

En ville, j'ai vu un panda **en** pyjama !

Sur le marché, elle a vu un manchot **en** polo !

Dans la rue, il a vu un chat **en** sandales !

en

 g 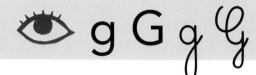 g G g G

Je vois, je dis

un gâteau   *un gâteau*

une grenouille

un escargot

un aigle

une église

un garçon

un toboggan

une agrafeuse

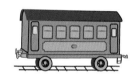

un wagon

une grue

un tigre

une cigogne

un kangourou

il regarde

il rigole

un fagot

gai

un triangle

un dragon

une gomme

un globe

Je lis des syllabes

- ga   gu   gou   go   gon   go   gu   gou   gan   ga
- gal   gus   gour   gul   goul   gar   gaf   gouv   gur   gous

Je manipule des sons

– Nommer les mots de chaque ligne.
– Écouter et trouver l'intrus parmi les rimes.

Je lis des mots

élégant	je regarde	la gare	des légumes
égal	elle se gare	des gants	une figure
gourmand	je garde	une virgule	un hangar

Je lis un texte

Les mygales vivent souvent dans le sol.

Elles **se** régalent de mouches.

Elles chassent des souris et des mulots.

Les mygales pondent des .

œufs

se

Je dis, je compare

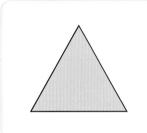 

 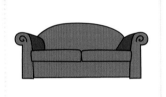

– Faire nommer les images de chaque paire.
– Pour chaque paire d'images, demander ce qui est pareil et ce qui n'est pas pareil.
Exemple : « Qu'est-ce qui est pareil entre une clémentine et une orange ?
Qu'est-ce qui n'est pas tout à fait pareil entre une clémentine et une orange ? »

66

Le singulier et le pluriel des noms

 ## Je lis des mots

singulier

une dent
un gant
la dame
le panda

pluriel

des dent**s**
des gant**s**
les dame**s**
les panda**s**

 ## Je manipule des mots

singulier

pluriel

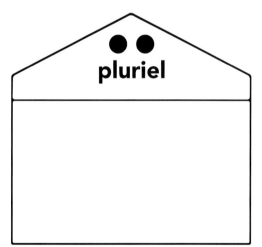

les narines – le journal – des chatons – un ours –
les enfants – une poupée – la jupe – des vaches

– Lire les mots.
– Ranger **oralement** les mots dans chaque maison.

z  z Z

 Je vois, **je dis**

Zorro   Zorro

un zoo

une gazelle

zéro

seize

un puzzle

un zébu

du gaz

quatorze

treize

le gazon

un lézard

des zigzags

il zigzague

douze

un zèbre

onze

il zappe

une pizza

un magazine

un trapéziste

Je lis des syllabes

- za   zi   zo   zon   zè   zu   zé   ze   zou
- zan   zig   zag   zap   zar   zur   gaz   onz   zir

Je manipule des sons

– Nommer les mots de chaque série.
– Dire par quel son commencent les mots de chaque série.

Je lis des mots

zéro	le zoo	une pizza	la zizanie
onze	le gaz	des magazines	la pizzéria
douze	le gazon	l'horizon	un lézard

Je lis un texte

Zorro garde le zoo. **Mais** il sème la zizanie : il relâche les loups, les poules, les ânes, les pandas, les ours et les lamas !

Un lézard **lui** vole son épée : il s'enfuit et il fait des zigzags sur le gazon.

mais
lui

69

t t T t T

Je vois, je dis

 un tapis *un tapis*

une carotte *une carotte*

 un cartable	un marteau	 un râteau	 un bateau
 un épouvantail	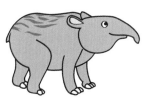 un tapir	 un artichaut	 une bouteille
 une étoile	 une autruche	 une tortue	quatre
 il écoute	trois	 une sonnette	 des pantoufles
 il chante	 un timbre	 un téléphone	 une cravate

Je lis des syllabes

- ti　　to　　té　　ta　　tou　　te　　tan　　tè　　tê　　ton
- tu　　ten　　tar　　tir　　tur　　tour　téo　　tiv　　tuil　　tèr

Je manipule des sons

– Nommer les mots.
– Trouver l'intrus dans chaque série : celui qui ne commence pas par le même son.

Je lis des mots

petit	il tape	les pattes	un fantôme
petite	je chante	la météo	la tache
têtu	il monte	des pirates	la tête

Je lis un texte

Je regarde un film rigolo avec un tapir

savant : **il va** vite, vite sur sa moto !

Puis il avale un jus de tomate

dans une tasse et déguste une tarte.

Ensuite, il part sur un tapis volant. « **Je vais** à l'aventure ! » dit-il.

je vais
il va

 (in) 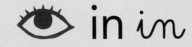 in *in*

Je vois, je dis

un lapin *un lapin*

un marin	des pinceaux	un moulin	un sapin

Arlequin	un requin	un sous-marin	du raisin

un pantin	un lutin	du vin	vingt
	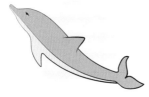		
quinze	un dauphin	une pince	des coussins

un poussin	un singe	un oursin	un tambourin

Je lis des syllabes

- vin   rin   fin   lin   nin   din
- min   pin   sin   zin   tin   chin

Je manipule des sons

– Nommer les mots de chaque série.
– Dire par quel son se terminent les mots de chaque série.

Je lis des mots

vingt   il invite   un marin   un lutin

féminin   j'inspire   des patins   des pépins

insolent   elle invente   un instant   la fin

Je lis un texte

Ce matin, un petit lapin malin s'est invité dans le jardin.

Il a déniché, sous un sapin, des petits choux.

Il les roule sur le chemin. Il file vite,

car la dinde et le dindon sont gourmands !

Ils ont envie de légumes, surtout de choux !

Je prends soin de mes dents

– Lire la photographie et le schéma.
– Répondre aux questions : « Où est la petite fille ? Pourquoi va-t-elle chez le dentiste ?
Est-ce que toutes les dents sont identiques ? »

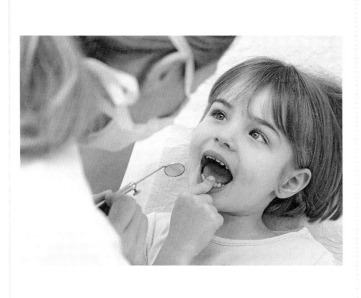

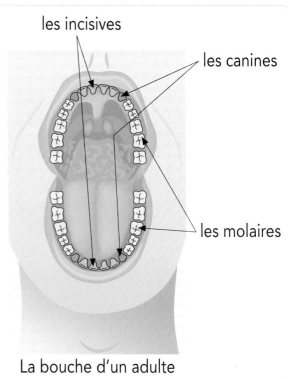

les incisives

les canines

les molaires

La bouche d'un adulte

– Chercher, dans les images, ce qui aide à prendre soin de ses dents.
– Chercher, dans la page, trois mots de la famille de « dent ».

une brosse
à dents

les caries

les fruits

les bonbons

un soda

un appareil
dentaire

le dentifrice

l'eau

Je lis des syllabes

- zut   tant   ding   zin   tint   zig   gong
- zip   tent   goul   tuil   tus   gan   gul

– Prononcer les sons en images.
– Assembler les sons et chercher le mot correspondant.

Je manipule des sons

 →

   →

Je lis des mots

souvent   j'entends   une pintade   la randonnée
tant pis   il entend   une dinde   une pendule
environ   elle se défend   les tuiles   le magazine
gâté   j'ai tapé   une gourde   un garde

Je lis des phrases

- David lui chante une jolie chanson !
- Je vais à la pizzéria.
- Ce vélo va vite mais il dérape !
- Maman se gare dans la rue.

en – se – mais – lui – je vais – il va – ce

75

 b b B ♭ ℬ

un bébé   *un bébé*

une béquille	un briquet	barbu	un robot

un cartable	une baleine	un escabeau	un lavabo

des sabots	un robinet	un biberon	une balançoire

un balai	un berceau	le hibou	un tuba

une bague	un boa	une ambulance	un toboggan

Je lis des syllabes

- bé   bi   be   bo   bu   ba   bè   bê
- bin   bou   bon   rab   ban   bar   boul   bul

Je manipule des sons

– Prononcer les sons en images.
– Assembler les sons et chercher le mot correspondant.

Je lis des mots

bizarre	elle se bagarre	des bonbons	une banane
bon	il me bouscule	une biche	mon ballon
abîmé	il habite	un robot	les syllabes

Je lis un texte

Barnabé se balade à Paris. Il monte dans un bus

et bavarde avec une dame. Il lui dit :

« **Je suis** Barnabé, je vais **voir** la ⬡.

tour Eiffel

– Oh ! répond la dame, **je suis** Barbara

et je vais également **voir** ce monument. »

je suis

voir

77

Je vois, je dis

un bol   un bol

il donne

une culotte

une sorcière

un coq

un accordéon

une corde

une poche

des torchons

des bottes

une pioche

un tournesol

une commode

un castor

un hélicoptère

il mord

un ogre

une tortue

des cornes

une pomme

il dort

Je lis des syllabes

- or   vol   lob   tor   sol   rob   mott   for
- por   not   bot   top   rot   boss   och   og

Je manipule des sons

– Prononcer les sons en images.
– Assembler les sons et chercher le mot correspondant.

Je lis des mots

fort	je donne	un soldat	la porte
bonne	elle dort	des bosses	un parasol
alors	il mord	ta gomme	stop

Je lis un texte

Sous un parasol, un alligator enfile des bottes.

Comme c'est bizarre !

Dehors, une tortue enlève sa robe.

Comme c'est étonnant !

Devant ma porte, une marmotte ôte sa redingote.

Comme c'est rigolo !

comme

 c  c C c 𝒞

Je vois, je dis

un crabe   *un crabe*

	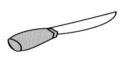		
un sac à dos	un couteau	un cube	une casserole

la confiture	un carré	une cloche	des couverts

une cabane	un clou	une coccinelle	un cactus

une caravane	un cahier	un rectangle	un clown

un biscuit	un abricot	une cage	un sécateur

Je lis des syllabes

- ca   co   cu   can   cou   cui   ac   cour
- cao   cap   col   cons   cor   cac   car   cal

Je manipule des sons

– Nommer chaque image.
– Prononcer chaque son du mot en indiquant avec le doigt le rond correspondant.

Je lis des mots

comment   il écoute   une carotte   la locomotive

connu   elle copie   une capuche   une corde

inconnu   je m'occupe   le calcul   une cabane

Je lis un texte

Ce matin, ma copine est venue à l'école sans son sac à dos.

Comment va-t-elle **faire** en cours ?

Ouf ! Sa maman a appelé : elle est

en route pour l'école, elle arrive

tout de suite !

tout
faire

83

o **au** *au* **eau** *eau*

 Je vois, **je dis**

des chaussures *des chaussures*

 **un bateau** *un bateau*

un taureau	un poireau	des pinceaux	un chapeau

un tonneau	un drapeau	un radeau	un chameau
			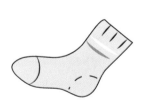
un berceau	un râteau	un fauteuil	une chaussette

une autruche	un autobus	un artichaut	une sauterelle

un lionceau	un vautour	des ciseaux	un veau

Je lis des syllabes

- chau   tau   sau   dau   gau   jau
- deau   veau   peau   seau   teau   neau
- leau   cau   pau   meau   aus   fau

Je manipule des sons

– Nommer chaque image.
– Prononcer chaque son du mot en indiquant avec le doigt le rond correspondant.

Je lis des mots

jaune   il saute   les chevaux   le lapereau
beau   je me sauve   les chaussures   le renardeau
aussi   elle réchauffe   les chaussons   un veau

Je lis un texte

Le loup vit dans la forêt ; il est carnivore.

Il se nourrit donc de beaucoup d'animaux :

des biches, des renardeaux et aussi des saumons.

La louve a 6 à 8 petits **qu'**elle garde dans la tanière.

Les petits se nomment les louveteaux. Ils tètent la maman.

On dit **que** ce sont des mammifères.

que – qu'

br cr cr dr dr gr gr fr fr vr vr pr pr tr tr

 Je vois, **je dis**

br	une brosse	 des branches	une brebis
cr	un écran	elle écrit	des sucres
dr	un cadre	un drap	un dromadaire
gr	une grimace	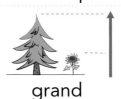 grand	un tigre
fr	une framboise	 des frites	 du fromage
vr	 il ouvre	un lièvre	 les lèvres
pr	une prune	 une prison	une princesse
tr	 un tracteur	un trésor	la trompe

Je lis des syllabes

- vre   vrou   bra   brin   crè   crou   fru   fran
- dro   dré   tri   tron   pri   pren   gro   gri

Je manipule des sons

– Nommer chaque image.
– Prononcer chaque son du mot et dire combien le mot compte de sons.

 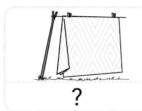  

?   ?   ?   ?

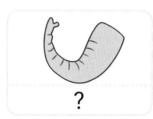  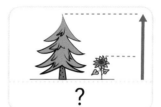 

?   ?   ?   ?

Je lis des mots

triste	je grandis	un chagrin	des livres
gros	elle ouvre	un groupe	un arbre
drôle	tu rentres	un fruit	le front

Je lis un texte

Je vais **au** carnaval avec mes grands-parents.

Nous regardons les chars. Après, nous entrons

dans un salon de thé. Mon grand-père prend

un café et une crêpe à la confiture d'abricots.

Ma grand-mère offre un jus de fruits à mon frère.

Puis **je** lui **dis** que j'adore les gaufres **au** sucre !

je dis au

 **bl** *bl* **cl** *cl* **gl** *gl* **fl** *fl* **pl** *pl*

Je vois, je dis

bl

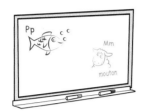
un tableau

un blouson

la bibliothèque

le blé

cl

un clown

la bicyclette

la classe

une cloche

gl

un sanglier

un globe

une glace

une église

fl

des fleurs

un trèfle

il siffle

un flocon

pl

la pluie

il applaudit

une plante

un plateau

Je lis des syllabes

- cle   clou   gla   glan   gli   flè   flu   fla
- pla   plan   plau   ble   blan   blé   blon   bleau

Je manipule des sons

– Nommer chaque image.
– Prononcer chaque son du mot et dire combien le mot compte de sons.

 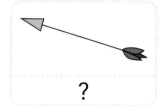  

?   ?   ?   ?

?   ?   ?   ?

Je lis des mots

blond	elle siffle	du sable	une boucle
blanc	il plante	des flammes	les ongles
plutôt	je glisse	des plumes	une flûte

Je lis un texte

Il est midi : la cloche sonne. Glouton **ne** va **pas**

à la cantine. Il rentre chez lui. Le repas **n'**est

pas encore prêt. Mais Glouton **n'**attend **pas** :

il engloutit un flan, une clémentine et des réglisses !

« Glouton ! Ce **n'**est **pas** possible ! crie sa maman. Que fais-tu ?

Ce **n'**est **pas** bon pour ton ventre ! »

ne... pas
n'... pas

👁 Les phrases d'un texte

Je lis

– Lire le texte.
– Compter les points à la fin des phrases.
– Dire le nombre de phrases du texte.

Le gros chat gourmand rêve d'un bon repas. Il se glisse
par la chatière et file dans le jardin.
Et que fait le gros chat gourmand ? Il attend, attend, attend.
Enfin, une souris blanche passe devant lui !

Je manipule des phrases

– Lire chaque encadré un par un.
– Trouver la phrase correcte à chaque
fois et justifier son choix.

La souris blanche est trop rapide
La souris blanche est trop rapide.

Le chat file dans le jardin.
le chat file dans le jardin.

Le rêve chat repas d'un.
Le chat rêve d'un repas.

Le gros chat gourmand n'aura pas de repas !
le gros chat gourmand n'aura pas de repas

88

Je lis des syllabes

- glin plan bleau clau clan flo crin gran
- vreau fro pren bur cur dro tren brin

Je manipule des sons

– Nommer chaque image.
– Prononcer chaque son du mot et situer le son
demandé en désignant le rond correspondant.

 an

 z 12

 g

 in

 t **3**

 b

 o

 c

Je lis des mots

autant   il trotte   la cantine   un parapluie
trop   elle prépare   un couteau   une fenêtre
après   je regarde   une clé   un pré

Je lis des phrases

- Je ne suis pas au CE1.

- Que faire : un flan,

  ou des crêpes ?

- Je suis allé voir un bon film.

- Comme tout le monde, je dis « Bonjour ! » en arrivant.

je suis – voir –
comme – tout –
faire – que – qu' ... –
je dis – au –
ne... pas – n' ... pas

er *er* ez *ez*

un rocher
le nez

un rocher
le nez

un panier

un escalier

le goûter

un cahier

un calendrier

rêver

un évier

le dîner

un pompier

un boucher

un berger

un boulanger

se laver

un policier

le déjeuner

danser

un sanglier

le clocher

manger

un saladier

Je lis des syllabes

- chez   nez   vez   lez   mez   bez   rez   dez
- ver   ber   mer   rer   ner   cher   der   ler

Je manipule des sons

– Nommer chaque image.
– Ajouter le son proposé à la fin du mot et trouver un autre mot.

 + er ➡ ?

 + ez ➡ ?

 + er ➡ ?

 + er ➡ ?

Je lis des mots

dîner   je dîne   vous dînez   le dîner

goûter   je goûte   vous goûtez   le goûter

Je lis un texte

Nous jouons à deviner un métier :

« **Vous** assurez la sécurité de tous.

Vous portez un uniforme.

Vous donnez des amendes ou **vous** menez

des individus au commissariat. Qui êtes-**vous** ? »

un pompier

un berger

un policier

un infirmier

Je prépare de la soupe

1. Utiliser les images pour décrire la recette et tous les ingrédients nécessaires.

 **1.** Éplucher les carottes et les pommes de terre. Les couper.

2. Couper le poireau en morceaux. Éplucher, puis couper l'oignon.

 **3.** Laver tous les légumes.

 **4.** Mettre les légumes dans l'autocuiseur. Ajouter 2 litres d'eau et 1 cuillère de sel.

 **5.** Faire cuire 20 minutes.

 **6.** Mouliner la soupe.

2. Nommer les ustensiles utiles pour préparer de la soupe.
3. Trouver les intrus.

un couteau

un aspirateur

 un moulin à légumes

 une cuillère

des ciseaux

un autocuiseur

 un épluche-légumes

 un verre mesureur

Les verbes (les mots des actions)

 Je lis

des verbes		
 éplucher	 couper	 laver
 cuire	 mouliner	manger

 Je manipule des mots

– Lire les mots.
– Ranger **oralement** les verbes dans leur maison.

des verbes

 étaler

 un moule

 des légumes

 saupoudrer

 une balance

 râper

 un saladier

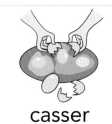 casser

oi — oi oi

 **Je vois, je dis**

un roi   *un roi*

un poireau

des nageoires

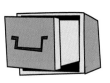
un tiroir

un miroir

un croissant

boire

une framboise

un bougeoir

une passoire

un bois

une balançoire

un voile

un arrosoir

un entonnoir

une oie

des petits pois

des noix

des noisettes

une armoire

une ardoise

Je lis des syllabes

- boi   coi   doi   loi   poi   moi   noi   roi
- soi   toi   voi   goi   foi   choi   joi   zoi
- froi   croi   troi   voir   soir   choir   droi   cloi

Je manipule des sons

– Nommer chaque image.
– Supprimer le dernier son du mot et trouver un autre mot.

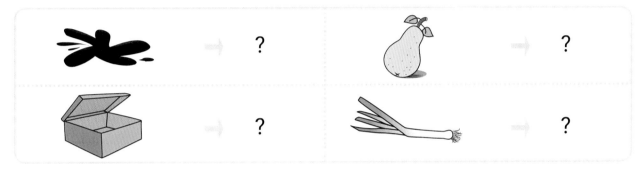

Je lis des mots

trois	boire	le soir	un poisson
froid	croire	un mois	une boisson
noir	vouloir	les doigts	une voiture

Je lis un texte

Le roi est un homme très puissant : il doit **pouvoir** commander tout le monde.

Il **peut** même **avoir** une armée.

Il vit dans un grand château avec ses gardes et ses soldats.

Il porte une couronne sur la tête.

On doit l'appeler « Sire ».

pouvoir
avoir
il peut

S  C c Ç ç

 Je vois, **je dis**

 un citron   *un citron*
un garçon   *un garçon*

une glace

une ceinture

un cygne

des cerises

une pince

des pinceaux

une ambulance

une sucette

un pouce

une balançoire

un cerf-volant

un magicien

une perceuse

un cerf

un berceau

cent

des ciseaux

une citrouille

une limace

un caleçon

Je lis des syllabes

• ci	cin	ce	cen
• cé	ceau	cè	cy
• ça	çan	ço	çoi
• çon	çu	cil	cir

c + e → 👂 [s]
c + i → 👂 [s]
c + y → 👂 [s]
ç + a → 👂 [s]
ç + o → 👂 [s]
ç + u → 👂 [s]

Je manipule des sons

– Nommer chaque image.
– Ajouter le son proposé en début de mot et trouver un autre mot.

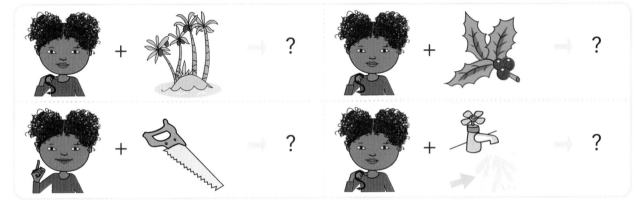

Je lis des mots

facile	il est déçu	la France	une leçon
difficile	je lance	la piscine	un médecin
cent	ça va	les vacances	des centimes

Je lis un texte

C'est l'histoire d'un chat qui se gratte partout.

Le chat croit qu'**il a** des puces dans le dos.

Il demande à un garçon : « Gratte-moi ! »

Le garçon obéit et gratte, gratte…

Voici l'histoire d'un chat et d'un garçon qui se grattent partout…

il a

Le contraire des verbes d'action

– Faire nommer chaque action.
– Demander : « Quel est le contraire de… ? »
– Demander de former des couples de contraires.

des verbes

monter	 entrer	 se coucher	ouvrir
 allumer	 s'habiller	 remplir	jouer
 se lever	 fermer	 descendre	 rire
 vider	 travailler	 pousser	sortir
 se déshabiller	 éteindre	 pleurer	 tirer

il   ils   elle   elles

Je lis

Elle danse.

Il danse.

Elles dansent.

Ils dansent.

Ils dansent.

Je manipule des mots

– Lire chaque phrase.
– Dire une nouvelle fois chaque phrase en remplaçant les mots soulignés par les petits mots : il, ils, elle, elles.
– Montrer le petit mot correspondant.

- <u>Les poussins</u> jouent.
- <u>Le garçon</u> chante.

- <u>La fourmi</u> marche.
- <u>Les souris</u> s'échappent.

- <u>Le chat et la tortue</u> sont des animaux.

il   ils   elle   elles

il – ils – elle – elles

an

am am em em

 Je vois, je dis

 un tambour
la tempête

un tambour
la tempête

du shampoing

des champignons

une ampoule

un hippocampe

l'ambulance

embrasser

un tambourin

une framboise

les jambes

une rampe

un camembert

un lampadaire

une lampe

un pamplemousse

un jambon

un embouteillage

un champion

un tampon

trembler

une chambre

Je lis des syllabes

- mem   vem   tem   trem   rem   cham   cam
- tam   fram   ram   pam   lam   jam   cram

Je manipule des sons

– Nommer les mots.
– Supprimer le premier son du mot illustré et trouver un autre mot.

 → ?    → ?

 → ?   → ?

Je lis des mots

novembre	emmener	un camp	un vampire
décembre	tremper	un tambour	ma jambe
ensemble	remplir	un trampoline	le printemps

Je lis un texte

J'entends le vent qui souffle de **plus** en **plus** fort dans les branches. Il souffle en tempête pour un jour de printemps !

Je vois le vent qui emporte les lampes du jardin dans un champ.

Je retourne **me** blottir dans mon lit en attendant le beau temps !

me
plus
je vois

101

è ai *ai* ei *ei* et *et*

 Je vois, **je dis**

un balai

une reine

un bonnet

du lait

une maison

une chaise

une fraise

un aigle

des éclairs

une chaîne

des punaises

un dromadaire

du raisin

la neige

la baleine

treize

seize

un peigne

des jouets

un robinet

un sifflet

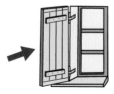
un volet

un briquet

Je lis des syllabes

- mai   lai   air   bai   cai   pai   tai   gai   vrai   clai   crai
- rei   sei   bei   plei   nei   det   jet   chet   let   ret   met

Je manipule des sons

– Nommer les mots illustrés.
– Trouver quel son il faut ajouter
à chaque mot pour former le mot suivant.

Je lis des mots

vrai	se taire	la semaine	un tabouret
seize	aider	une baleine	la peine
treize	laisser	le maître	la monnaie

Je lis un texte

Pour la fête, je vais faire un poulet aux navets,

une douzaine de madeleines et un sorbet

au citron.

Je peux aussi faire des éclairs au chocolat,

mais je n'ai pas assez de lait !

Je vais au marché pour acheter du lait frais

à la crémière.

je peux

103

Dans la rue et sur la route

1. Lire les images et les textes.
2. Nommer précisément les parties fléchées de chaque dessin.

Dans la rue

les voies

le trottoir

la chaussée

En ville, je marche sur le trottoir.

Les voitures roulent sur la chaussée.

La chaussée compte 2 voies pour rouler.

Sur la route

les voies

un accotement

la chaussée

À la campagne, je marche sur l'accotement.

Les voitures roulent sur la chaussée.

La chaussée compte 2 voies pour rouler.

3. Dire précisément où l'on pourrait trouver les véhicules ou les personnes suivants.

une moto – un piéton – un tracteur – un camion –
un bus – une voiture – un vélo

Je lis des syllabes

- let   gai   plei   pez   der   troi   ceau   çon   mem   cram
- jam   let   trem   clai   çan   bei   cin   nez   choir   ber

Je manipule des sons

– Nommer chaque image.
– Désigner la ou les lettres manquantes dans le mot. Les nommer.

er   ez   am   em   oi   c   ç   ai   ei   et

un r…	un t…bour	un gar…on	le n…	un bal…
une r…ne	un roch…	la t…pête	un bonn…	un …itron

Je lis des mots

ici	camper	un incendie	la joie
faible	s'embêter	un cyclone	une croix
maigre	vous rêvez	le français	une fontaine

Je lis des phrases

- Vous allez pouvoir aider vos camarades de classe.

- Je ne peux plus venir au cinéma ce soir.

- Elles vont avoir une récompense parce que c'est difficile.

- Je vois souvent la reine dans des films.

vous – pouvoir –
avoir – il peut – il a –
ils – elles – me – plus –
je vois – je peux

c qu qu k k ch ch

Je vois, je dis

un masque le karaté un chronomètre

un briquet une jonquille une béquille une barque

un paquebot un casque des quilles un criquet

un képi le cirque un anorak le basket

un kiwi un kimono des koalas une orchidée

des coquelicots une raquette un kangourou une chorale

Je lis des syllabes

- que   qui   quoi   qua   quai   quan   quin   qué   quo   quet   ka
- ki   ké   kan   ko   kou   ky   ka   kit   kla   kar   chri

Je manipule des sons

– Nommer les mots illustrés.
– Trouver quel son il faut supprimer
au premier mot pour former le mot suivant.

Je lis des mots

quatre   je quitte   un bouquet   des kilomètres
quatorze   il croque   un moustique   la chorale
quarante   fabriquer   la bibliothèque   le ski

Je lis un texte

Le moustique **dit** au criquet :

« Que croques-tu ?

– Je croque des céréales », répond le criquet.

Le canard demande au coq : « Qu'avales-tu ?

– J'avale des graines », répond le coq.

Le crocodile **dit** au requin : « Que dévores-tu ?

– Toi ! » répond le requin.

il dit
elle dit

(e) (eu)  eu *eu* œu *œu*

Je vois, je dis

une fleur

un cœur

le feu

un nœud

un aspirateur

un chanteur

une agrafeuse

des œufs

un immeuble

le facteur

un jeu

un pneu

un dompteur

un voleur

les cheveux

la queue

un ventilateur

un plongeur

des yeux

un feutre

un ordinateur

un œuf

bleu

deux

Je lis des syllabes

 comme dans

- peu   veu   jeu   queu   leu   creu   nœu   reu   deu

comme dans ♥

- sœur   teur   beur   cheur   seul   meur   leur   neuf   peur

Je manipule des sons

– Nommer les mots.
– Trouver quels sons il faut supprimer
au premier mot pour former le mot suivant.

 ## Je lis des mots

heureux   je pleure   le docteur   du beurre

seul   il pleut   des euros   jeudi

bleu   j'ai peur   la queue   un vœu

 ## Je lis un texte

Il est déjà neuf heures : c'est l'heure

de mon cours de karaté. Je ne veux pas

y **aller** tout seul parce que j'ai un peu peur.

Je ne suis pas très brave ! Je veux y **aller**

avec ma sœur. À deux, c'est beaucoup mieux !

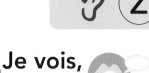 **Je vois,**  **je dis**

une maison   une maison

un vase	un blouson	se raser	la musique

une usine	du poison	une fusée	un dinosaure

une rose	une prison	une case	peser

un bison	un oiseau	une tondeuse	du raisin

mesurer	un rasoir	des ciseaux	une valise

Je lis des syllabes

- ose   ase   ise   usi
- use   isa   iso   usé
- euse   ison   oise   asin
- ouse   ésor   osau   osan

- Les voyelles :
  a, e, i, o, u, y.

- voyelle + s + voyelle
  → [z]

Je manipule des sons

– Lire les mots.
– Changer la ou les lettres colorées par la ou les lettres proposées.
– Dire le mot nouveau obtenu.

cousin	→ ss	→ ?	poisson	→ s	→ ?
casé	→ ss	→ ?	Il visse.	→ s	→ ?

Je lis des mots

rose	il se repose	mon voisin	une coiffeuse
grise	elle propose	les saisons	un trésor
invisible	il écrase	un magasin	du désordre

Je lis un texte

Aujourd'hui, mes cousins visitent un musée sur les dinosaures.

Mon cousin **voit** un tyrannosaure et dit à sa sœur :

« Écoute ce portrait. Tu devras me **dire** qui était

ce dinosaure. Il mesurait de 12 à 14 mètres

de long et 5 à 6 mètres de haut. C'était l'un

des plus grands dinosaures carnivores. »

Ma cousine sourit : elle a deviné !

il voit
dire

Je vois, **je dis**

une girafe   *une girafe*

un pigeon   *un pigeon*

un singe	la neige	manger	un magicien
	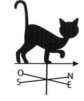		
un ange	une girouette	un orage	un genou

des nuages	une gymnaste	une éponge	plonger

une orange	une cage	nager	un manège

des bourgeons	une mangeoire	des nageoires	un bougeoir

Je lis des syllabes

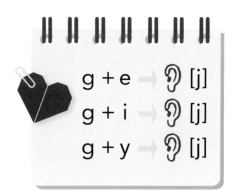

- ge   gy   gi   gin
- gé   ger   get   gen
- geu   geur   get   gea
- geo   geoi   geon   geai

g + e → 👂 [j]
g + i → 👂 [j]
g + y → 👂 [j]

Je manipule des sons

– Dire les mots illustrés.
– Faire inverser les sons pour construire le mot
« à l'envers ». Exemple : singe / gins.

    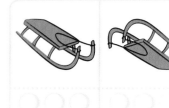

Je lis des mots

rouge   déménager   un géant   l'orangeade
léger   je range   un garage   un boulanger
beige   elle rougit   le fromage   une page

Je lis un texte

« As-tu vu une girafe avec des nageoires ?

– Non, j'ai vu une girafe avec des pattes et des taches.

– As-tu entendu le pigeon rugir ?

– Non, je l'ai entendu roucouler !

– As-tu senti le singe bouger à côté de toi ?

être

– Oui, je l'ai senti gigoter près de moi. Puis il a

trouvé refuge dans les branchages. Il doit toujours y **être** ! »

Le pluriel des verbes

Je lis

● singulier

La voiture s'arrête.

Un élève parle.

La toupie tourne.

Il danse.

Un pigeon picore.

Elle se repose.

●● pluriel

Les voitures s'arrête**nt**.

Des élèves parle**nt**.

Les toupies tourne**nt**.

Ils danse**nt**.

Des pigeons picore**nt**.

Elles se repose**nt**.

– Lire les verbes.
– Désigner du doigt leur maison :
singulier ou pluriel.

Je manipule des mots

pousse	chantent	coule	jouent
poussent	chante	coulent	joue

● singulier

La plante … .

L'oiseau … .

Le robinet … .

Un enfant … .

●● pluriel

Les plantes … .

Les oiseaux … .

Les robinets … .

Des enfants … .

Révisions

Je lis des syllabes

- moi   noi   grai   geai   cé   cè   ison   isson
- kla   kal   ber   dez   gin   pin   queu   peu

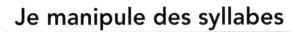

Je manipule des syllabes

– Nommer chaque image.
– Désigner la ou les lettres manquantes dans le mot. La/Les nommer.

q ou **p** ?	**j** ou **g** ?	**ai** ou **oi** ?	**k** ou **h** ?
un co…	un ti…re	une ard…se	un …angourou
un sa…in	le …ournal	une ch…se	 un c…emin

Je lis des mots

courageux   piquer   des ciseaux   des ambulances

pleine   gigoter   les skieurs   l'orangeade

déçu   vous déménagez   le choix   quatre saisons

Je lis des phrases

- J'aimerais être un grand patineur.
- Je dois te dire mon secret tout bas.
- Frédérique dit des mots en anglais.
- Ils peuvent aller sous les rochers pour s'abriter.
- Cécile voit peut-être mieux près du tableau.

il dit –
elle dit – aller –
il voit – dire –
être

 ain *ain* ein *ein*
un *un* aim *aim* im *im*

 Je vois, je dis

le pain

la peinture

1
un

J'ai faim !

un timbre

un bain

un poulain

un train

les mains

un nain

des copains

un écrivain

du grain

peindre

la ceinture

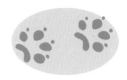
des empreintes

éteindre

un daim

un chimpanzé

une imprimante

grimper

Je lis des syllabes

- rain   tim   faim   sein   lain   daim   lun   tein   vain   gain
- prein   crain   grim   frein   plein   frain   grain   trein   plain   train

Je manipule des mots

– Dire les 2 mots.
– Dire le son qui change entre les 2,
puis nommer la lettre qui correspond.

le bain → le	un train → du
la main → le	une ceinture → la

Je lis des mots et des phrases

- maintenant – impoli – emprunter – un refrain
- **Nous** partirons demain **voir mon** parrain.
- **J'ai** plein **de** peinture **sur les** mains !

nous –
voir – mon –
j'ai – de –
sur – les

Je lis un texte

Romain a invité Sylvain à la maison. Il fait

vilain temps et les deux copains sont obligés de jouer à l'intérieur.

Romain se plaint : « On s'ennuie ; que peut-on faire ?

– Nous pouvons jouer à deviner des mots, propose Sylvain.

– D'accord, dit Romain, mais chacun son tour !

Monter dans un arbre ou sur les rochers, c'est…

– Grimper ! On le colle sur l'enveloppe avant de la poster, c'est…

– Un timbre ! »

è  ec er el es

le bec   *le bec*

 le sel	 un tunnel	 le miel	 un escabeau
 les échecs	 une perceuse	 fermer	 le désert
 des perles	 une ferme	 sept	 l'herbe
 un dessert	 un serpent	 des asperges	 un merle
 un ver	 un escalier	 un serveur	 renverser

Je lis des syllabes

- ber   bel   chec   cer   fer   lec   ler   mer   mel   nel
- pel   per   res   sel   ser   sec   vec   ves   ver   rec

Je manipule des mots

– Lire les syllabes. Reconstituer chaque mot.
– Les associer oralement avec l'image correspondante.

ver – ne – ca   teur – di – rec   tu – ver – cou – re   ver – cou – cle

Je lis des mots et des phrases

- merci – elle cherche – la lecture – cher – le ciel
- Mercredi, **il a** perdu **son** ballon vert.
- Hier, **vous** êtes allés **à la** mer **avec** vos amis. **Mais il y a** eu **des** averses.

des – mais – avec – à – la – vous – son – il a – il y a

Je lis un texte

Ce midi, Kamel déjeune au restaurant de l'hôtel. Il y a beaucoup de clients : il ne reste plus qu'une table près de l'escalier.

D'un geste, Kamel dit au serveur de venir prendre sa commande : des asperges et du pain perdu au miel.

Comme le service est long, Kamel s'énerve. Il est servi le dernier ! Le chef cuisinier lui apporte un café pour se faire pardonner. Quel déjeuner !

 è

elle ette erre
esse enne

 Je vois, **je dis**

une échelle   *une échelle*

une salopette

une crevette

une épuisette

une bicyclette

une serrure

une hirondelle

une mouette

une girouette

une trompette

une sauterelle

une raquette

la Terre

la maîtresse

une casquette

un verre

une poussette

des allumettes

une chouette

une princesse

une éolienne

Je lis des syllabes

- cette   nette   telle   nelle   pelle   celle   lette   chette   cesse
- benne   chelle   quette   delle   relle   siette   miette   nerre   viette

Je manipule des mots

– Nommer les images.
– Les associer avec le mot correspondant.

 service   serveur   serveuse   serviable   serviette

 poulbot   poulette   poularde   poubelle   pouliner

Je lis des mots et des phrases

- il s'appelle – mes lunettes – ça m'intéresse – une fourchette
- **Elle fait un** dessin **comme le** modèle.
- **C'est une** recette **pour faire**
une belle omelette !

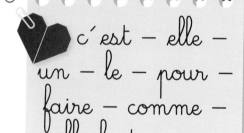

c'est – elle – un – le – pour – faire – comme – elle fait – une

Je lis un texte

Dans sa maisonnette, Fanette fait

sa toilette en poussant la chansonnette. Puis, elle tresse

ses longs cheveux châtains en y mettant des pâquerettes.

Fanette est une sacrée coquette : on dirait une princesse !

Puis elle part faire des emplettes à bicyclette.

Dans une vitrine, la coquette voit une robe violette. Elle est très

belle ; dommage qu'elle soit si chère !

121

ph ph

Je vois, **je dis**

une photographie   une photographie

le phare

le téléphone

le nénuphar

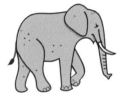

un éléphant

un phacochère

un photographe

la pharmacie

un pharaon

Je lis des syllabes

- phi   pha   phan   pher   pho   phar   phai   phus
- phin   phon   phe   phra   phé   phier   phone   phir

Je lis des mots et des phrases

- il photographie – je téléphone – l'alphabet – une phrase

- Le phacochère **est** un mammifère, une sorte de sanglier **qui** vit **en** Afrique.

- **En** Afrique **et en** Asie, **on voit** d'autres mammifères : des éléphants **et** des gazelles.

il est – et – qui – en – on – il voit

Les adjectifs

 Je lis des mots pour décrire les vélos

les adjectifs	
grand	neuf
vieux	premier
petit	rouge
noir	électrique

 Je manipule des mots

blanc – freiner – un tricycle – joli – s'arrêter – le guidon –

bleu – beau – une pédale – devant – rouler – gris –

la selle – propre – à droite

– Lire les mots.
– Relever uniquement **les adjectifs**, les mots qui permettent de décrire quelque chose.

Je vois, je dis

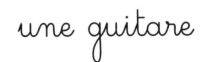

une guitare *une guitare*

			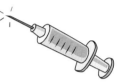
des guêpes	les vagues	la langue	une seringue

du gui	des marguerites	un bouledogue	une guirlande

une guenon	une pirogue	un déguisement	une baguette

Guignol	un guépard	des figues	une mangue

du muguet	le guidon	des meringues	des guimauves

Je lis des syllabes

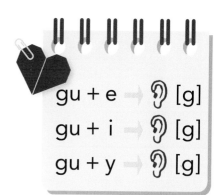

- gue   gui   guê   guir   guy
- gué   guette   guer   guet   gueur
- que   gue   gui   qui
- guet   quet   quer   guer

gu + e → [g]
gu + i → [g]
gu + y → [g]

 ## Je manipule des mots

– Lire les mots d'une ligne.
– Trouver l'intrus : celui qui n'appartient pas à la même famille.

- une marguerite   du muguet   une guirlande   du gui
- un bouledogue   une guenon   un guépard   une pirogue

 ## Je lis des mots et des phrases

se –
il –
chez –
je suis –
ton

- guéri – la langue – naviguer – une bague
- **Il se** déguise **chez ton** ami : le voici en Zorro !
- **Je suis** fatiguée après cette longue balade.

 ## Je lis un texte

Tanguy a sept ans et il aime faire des blagues à ses amis.

Lundi, Tanguy a retourné le guidon du vélo de Guy,

et maintenant, celui-ci zigzague drôlement en pédalant.

Mardi, le coquin a déguisé le bouledogue de Maguy.

Il lui a mis une guirlande autour du cou !

Mercredi, Tanguy a déréglé les cordes de la guitare

de Marguerite. Quand elle en joue, ça sonne faux !

Un jour, c'est de Tanguy que l'on rigolera… Gare à lui !

Le contraire des adjectifs

– Faire lire chaque adjectif.
– Demander : « Quel est le contraire de… ? »
en associant les adjectifs d'une maison à l'autre.

les adjectifs

grand	invisible	premier	cassé
jeune	intelligent	court	maigre
haut	étroit		

les adjectifs contraires

bête	réparé	large	vieux
long	petit	bas	visible
		gros	dernier

Je lis des syllabes

- tein   frein   crain   vain   faim   daim   prun   cun   gue
- tim   grim   sec   fer   cette   belle   phon   phos   guir

Je manipule des syllabes

– Nommer les images et lire les mots.
– Repérer les mots « tordus » et les corriger oralement.

train

gasquette

empreintes

main

bain

photographie

vigues

imprimante

Je lis des mots

hier – je m'appelle – demain – la fatigue – les lettres –
je respecte – un perroquet – une chienne

Je lis des phrases

- Maintenant, **je vais** chercher **dans ce** catalogue.
- Philippe emprunte des livres à la bibliothèque.
- **Je peux avoir tout ce** qu'il me faut !
- Soudain, j'ai entendu le tonnerre et vu des éclairs !

dans – ce –
je vais – tout –
avoir – je peux

Je vois, je dis

un point   *un point*

le foin

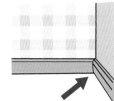

un coin

une pointe

le poing

moins

un goinfre

le shampoing

le groin

pointu

un rond-point

la pointure

des coings

Je lis des syllabes

- loin moin poin coin join goin soin foin
- pain sin goin gain fein foin coi coin

Je manipule des phrases

Associer oralement le début et la fin d'une phrase.

À la fin des phrases,   je serre les poings.

Quand je suis en colère,   j'ai enfoncé une pointe.

Sur la planche,   je mets un point.

Je lis des mots et des phrases

- loin – coincer – un point – pointu – la pointure – se goinfrer
- **Elle peut** te rejoindre **au** rond-point.
- Je **ne me** coince **plus** les doigts dans la porte !

ne... plus –
elle peut –
me – au

Je lis un texte

Dans la grange, un caneton est coincé sous le foin.

Le petit ne peut pas rejoindre sa maman, la cane.

Il cancane encore et encore : « Coin-coin ! Coin-coin ! »

Il a besoin d'aide.

Enfin, son père, le canard, le décoince d'un grand coup

de bec et prend soin de lui !

« Coin-coin ! » Que c'est bon d'être consolé !

Je vois,  je dis

la montagne   la montagne

des champignons

des châtaignes

Guignol

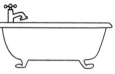
une baignoire

une cigogne

la signature

soigner

une araignée

un peigne

souligner

un agneau

un cygne

un oignon

gagner

un chignon

des lignes

un peignoir

la campagne

la vigne

une poignée

Je lis des syllabes

- gne   gna   gné   gnan   gno   gnon   gnè   gnou   gnai   gnau
- gue   gou   geon   gran   gné   go   gno   gui   gnai   geai

Je manipule des phrases

– Lire l'image.
– Lire les phrases et dire si c'est vrai ou faux.

- L'agneau se baigne à la campagne.
- L'agneau saigne à la campagne.
- L'araignée est grignotée par la cigogne.
- L'araignée a grimpé sur la baignoire.

Je lis des mots et des phrases

- grognon – elle souligne – une consigne – le poignet
- La maîtresse **lui dit** de surligner toute la ligne de mots.
- Ton oncle **va pouvoir** soigner tes égratignures.

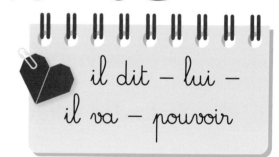

il dit – lui – il va – pouvoir

Je lis un texte

Je fais une randonnée en montagne avec mes parents.

Au fur et à mesure que l'on s'élève, on a une vue magnifique.

Au détour d'un chemin, je crois apercevoir une mignonne petite

marmotte derrière une grosse pierre. Je me précipite et

je tombe dans les ronces. Mon poignet saigne, mais ce n'est

qu'une égratignure. C'est sûr, la marmotte est partie !

 Je vois, je dis

un hibou   *un hibou*

un hérisson

un hamac

une hutte

un homme

l'huile

une harpe

un héros

un hangar

Je lis des syllabes

- ha   hi   ho   hu   hou   har   hy   hé   his
- his   pho   hé   cha   hy   phi   har   chou   hu

Je lis des mots et des phrases

- dehors – j'habite – un rhume – elle a hurlé – l'hôpital –

- une histoire – un hippopotame – huit – un thé

- **Je dis que** cette histoire est horrible !

- Des hommes passent **par** les hautes herbes.

par –
que – je dis

Les mots du temps

Je lis

C'est le passé.	C'est le présent.	C'est le futur.

autrefois	maintenant	plus tard
hier	aujourd'hui	demain
il y a longtemps	en ce moment	dans l'avenir
avant	tout de suite	après

Je manipule des phrases

– Lire les phrases.
– Indiquer **oralement** si c'est du passé, du présent, ou du futur.

- Hier, je suis allé à la piscine.
- L'année dernière, j'étais en grande section.
- Je serai bientôt en vacances.
- L'année prochaine, nous serons en CE1.
- Maintenant, je suis en CP.
- Aujourd'hui, nous lisons la page 133.
- Quand j'étais bébé, je marchais à quatre pattes.
- Plus tard, je saurai conduire une voiture.

ill   ill ill il il

Je vois, je dis

 une fille   *une fille*

le réveil   *le réveil*

une béquille

une cuillère

le soleil

une jonquille

la cheville

une bouteille

une chenille

un épouvantail

un écureuil

une grenouille

une abeille

un œil

une feuille

un maillot

des billes

la famille

un papillon

un fauteuil

une citrouille

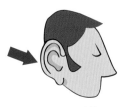
une oreille

134

Je lis des syllabes

- nill   quill   dill   brill   fill   bill   vill   guill   pill   mill
- touill   tail   teill   teuil   feuill   bouill   reuil   reil   caill   taill

Je manipule des phrases

– Lire les phrases.
– Les associer avec une image.

- La grenouille se cache sous une feuille.
- La grenouille se cache sous un coquillage.

- Une fille ramasse une bille.
- Une fille ramasse un coquillage.

Je lis des mots et des phrases

- gentille – un caillou – travailler – un billet – une médaille –
- pareil – ça chatouille – une veilleuse
- Habille-toi, sinon tu vas **être** en retard !
- À cause **du** brouillard, **je** ne **vois pas**

les étoiles briller.

je vois –
pas –
être – du

Je lis un texte

Une chenille est un petit animal avec des pattes. Elle mange

beaucoup et grandit très vite. Un jour, la chenille arrête

de bouger. Elle s'enferme dans un cocon pour se transformer…

Au bout de deux semaines, quelque chose commence

à sortir : un papillon ! Il ne s'envole pas tout de suite.

Il lui faut une ou deux heures pour que ses ailes se déplient.

Je vois, je dis

 un chien — *un chien*

un crayon — *un crayon*

un Indien	 un évier	l'escalier	 le camion
 un panier	 un magicien	 un avion	 un pompier
 un lion	 un violon	 un sanglier	 un cahier
 une radio	 un piano	 une sorcière	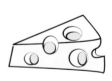 du gruyère
 des yaourts	 un noyau	 un tuyau	 un yo-yo

Je lis des syllabes

- vieu   rien   vian   pier   pion   dio
- puyé   voyé   sayé   rayé   ayez   voya

Je manipule des phrases

– Lire l'image.
– Désigner les phrases qui correspondent à la scène illustrée.

- Les rayons du soleil éclairent la maison.
- Les rayons du soleil passent au travers des nuages.
- Les rayons du soleil font briller les feuilles du cerisier.
- Les rayons du soleil sont cachés derrière les nuages.

Je lis des mots et des phrases

- violet – trier – le ciel – le royaume – curieux – un écolier – les voyelles – moyen – relier – une écolière – un tuyau – broyer
- J'ai balayé mon bureau. J'**y** ai retrouvé mon crayon.
- **Je fais** un beau voyage cet été.

y – je fais

Je lis un texte

Il y a longtemps, mon père a envoyé un noyau de cerise par la fenêtre. Il est tombé dans le jardin et a poussé lentement, lentement pendant plusieurs années. Maintenant, nous avons un cerisier gracieux et généreux. Chaque printemps, il est de toute beauté avec ses bouquets de fleurs roses. L'été, nous cueillons ses fruits ou nous les mangeons dans l'arbre ! Et si j'essayais d'envoyer un noyau de prune par la fenêtre ?

L'alphabet

Je lis les lettres

a	b	c	d	e	f	g
h	i	j	k	l		m
n	o	p	q	r	s	t
u	v	w	x	y		z

Je manipule l'alphabet

Répondre **oralement** aux questions.

- Quelle est la première lettre de l'alphabet ? la dernière ?
- Combien y a-t-il de lettres ?
- Quelles sont les voyelles ?
- Quelles sont les consonnes ?

Je manipule des lettres

Retrouver chaque lettre dans l'alphabet du dessus.

E	N	R	F	A	K	Z
H	U	G	L	P		B
Q	Y	T	M	X	W	D
O	S	C	J	I		V

Le féminin des adjectifs

 Je lis

– Lire les adjectifs.
– Faire observer ce qui change entre le masculin et le féminin.

masculin	féminin
bleu	bleue
vert	verte
haut	haute
petit	petite
grand	grande
bavard	bavarde
gris	grise

 Je manipule des mots

– Lire les mots.
– Les ranger **oralement** dans la maison qui convient.

masculin	féminin

seul – seule – noire – noir – vrai – vraie
profond – profonde – sûre – sûr – jolie – joli

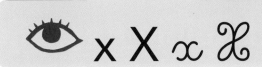

 **[ks]**	 un taxi	klaxonner	un boxeur	l'index
	 un lynx	un saxophone	un explorateur	un extraterrestre
 **[gz]**	 un xylophone		 un hexagone	
[s]	**6** six	**10** dix	**60** soixante	
[z]	**2ᵉ** deuxième	**6ᵉ** sixième	**10ᵉ** dixième	
	**2** deux	**X** une croix	 les yeux	 les cheveux

140

Je lis des syllabes et des mots

- [ks]   box   ext   exp   fax   vex   exp   tax   fix   max   oxy
extraordinaire – expliquer – un texte – excellent – il fixe –
l'extérieur – exprès – elle se vexe – des excuses

- [gz]   xy   exem   exa   exo   exi   exé   xa   exer   exas   exis
exact – exagérer – un exercice – exotique – il examine –
exactement – il exige – un hexagone

Je manipule des phrases

– Lire les groupes de mots et les remettre oralement dans l'ordre.

| klaxonne | Le taxi | très fort. |
| s'engage | dans la rue. | Le véhicule |

Je lis des phrases

- Xavier aimerait **aller** en voyage avec Axel.
- Je veux te **dire** que ton exercice est excellent !

aller – dire

Je lis un texte

Un extraterrestre est un être qui vit

sur une autre planète que la Terre, dans une autre galaxie.

Aujourd'hui, il n'y a aucune preuve scientifique

que les extraterrestres existent. Pourtant, ils inspirent

beaucoup de films et de livres. Voici, par exemple,

quelques extraterrestres très connus : E.T., Yoda, Stitch.

L'ordre alphabétique

Je lis

avion 	banane	carotte	domino	école 	fille
gâteau	hibou	igloo	journal	koala
lune	maman	nuage	orange	pirate
quilles	renard	soleil	tomate	usine
vélo 	wagon	xylophone 	yo-yo	zèbre

Je manipule des mots

– Lire les séries de mots.
– Pour chaque série, trouver le mot qui vient en premier dans l'ordre alphabétique.

- bonbon   panier   arbre
- zéro   flûte   kangourou
- nénuphar   poussin   queue

Je lis des syllabes

- guette   exé   har   lier   lec   reuil   plein   chelle
- box   poin   brill   phil   sayé   tim   gnon   vain

Je manipule des phrases

– Lire les groupes de mots.
– Les remettre dans l'ordre pour lire chaque devinette.
– Trouver de qui il s'agit.

Je suis   en Afrique.   herbivore   et je vis

à mes élèves.   J'apprends   et l'écriture   la lecture

Je lis des mots

incroyable	payer	la kermesse	un souterrain
impossible	sautiller	la marelle	un paysagiste
certain	se déguiser	des rayures	la guerre

Je lis des phrases

- L'année de CP est presque terminée.

- Cette année, nous avons fait des dizaines d'exercices et écrit des dizaines de lignes !

- La maîtresse demande de ranger et de nettoyer les bureaux.

- Avant de se quitter, on fait une dernière photographie.

- Maintenant, le soleil brille. Vive les vacances !

Crédits photographiques

Page 32

cartable : © B. Boissonnet / BSIP / SuperStock. *Ciseaux :* © Steve Gorton et Gary Ombler / Dorling Kindersley / Getty Images. *Institutrice :* © Izabela Habur / Getty Images. *Taille-crayon :* © J. M. Horillo / Age Fotostock : Getty Images. *Tableau noir :* © Spencer Jones / Taxi / Getty Images. *Craies :* © Jeffrey Coolidge / Iconica / Getty Images. *Cahier :* © Dave King / Dorling Kindersley / Getty Images. *Règle :* © Andy Crawford / Dorling Kindersley / Getty Images.

Page 60

Ballon de basket : © Davies and Starr / Stone / Getty Images. *Corde d'escalade :* © Michael K. Mccann / Firstlight / Hoa-Qui / Gamma-Rapho. *Filet de volley-ball :* © Frank Rothe / The Image Bank / Getty Images. *Panier de basket-ball :* © Jaak Nilson / Spaces Images / Corbis. *Poutre :* © Mike Powell / Allsport Concepts / Getty Images. *Volant de badminton :* © Jeffrey Coolidge / Iconica / Getty Images. *Escalade :* © Boomer Jerritt / All Canada Photos / Getty Images. *Raquette de badminton :* © Roger Charity / StockImage / Getty Images.

Page 74

Dentiste : © Burger / Phanie / SuperStock.

Page 92

Couteau : © Foodcollection RF / Getty Images. *Aspirateur :* © Science and Society / SuperStock. *Moulin à légumes :* © Food and Drink / SuperStock. *Cuillère :* © Andy Crawford / Dorling Kindersley / Getty Images. *Ciseaux :* © Russell Illig / Photodisc / Getty Images. *Autocuiseur :* © David Bishop Inc. / FoodPix / Getty Images. *Épluche-légumes :* © C Squared Studios / Photodisc / Getty Images. *Verre mesureur :* © Andy Crawford / Dorling Kindersley / Getty Images.

Page 104

Rue : © Christophe Ena / REA. *Route de campagne :* © Delphine Tendron.

Page 123

Grand : © C Squared Studios / Photodisc / Getty Images. *Neuf :* © Winston Link / Kalium / Age Fotostock. *Vieux :* © Gary Ombler / Dorling Kindersley / Getty Images. *Premier :* © Dorling Kindersely / Getty Images. *Petit :* © Carlos Alvarez / E+ / Getty Images. *Rouge :* © Philip Gatward / Dorling Kindersley / Getty Images. *Noir :* © Fuse : Getty Images. *Électrique :* © Megan Q. Daniels / First Light / Corbis.

Achevé d'imprimer en Italie par G. Canale - Dépôt légal : Janvier 2016 - Collection n° 02 - Édition 05 - 11/7997/7

Mon abécédaire

a A a
avion

b B b
banane

c C c
carotte

d D d
domino

i I i
igloo

j J j
journal

k K k
koala

l L l
lune

q Q q
quilles

r R r
renard

s S s
soleil

t T t
tomate

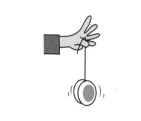

y Y y
yo-yo

z Z z
zèbre